¿Qué tipo de animal es?

Aves
de todo tipo

Rebecca Sjonger y Bobbie Kalman

Crabtree Publishing Company

www.crabtreebooks.com

Aves de todo tipo

Serie creada por Bobbie Kalman

Dedicado por Robert Wainio
Para las tres niñas de papá: Mikaela, Alyssa y Kaitlyn

Editora en jefe
Bobbie Kalman

Equipo de redacción
Rebecca Sjonger
Bobbie Kalman

Editora de contenido
Kelley MacAulay

Editoras
Molly Aloian
Robin Johnson
Reagan Miller
Kathryn Smithyman

Diseño
Katherine Kantor
Margaret Amy Reiach (portada)
Robert MacGregor (logotipo de la serie)

Coordinación de producción
Katherine Kantor

Investigación fotográfica
Crystal Foxton

Consultor lingüístico
Dr. Carlos García, M.D., Maestro bilingüe de Ciencias,
    Estudios Sociales y Matemáticas

Consultora
Patricia Loesche, Ph.D., Programa sobre el comportamiento de animales,
Departamento de Psicología, University of Washington

Ilustraciones
Barbara Bedell: páginas 4 (cardenal y urogallo de Escocia),
    5 (pingüino), 8 (lechuza), 10, 14, 16, 18 (huevos), 22, 27, 28 (inferior),
    29, 30, 32 (fila central, extremo izquierdo y derecho, y en vuelo)
Katherine Kantor: páginas 6, 7, 31, 32 (vertebrados)
Jeannette McNaughton-Julich: página 4 (arriba, izquierda y derecha)
Margaret Amy Reiach: página 32 (nidos)
Bonna Rouse: páginas 5 (todas excepto el pingüino), 12, 15, 18 (pájaro
    bobo), 20, 24, 25, 26, 28 (arriba, izquierda y derecha), 32 (fila superior y pichón)
Doug Swinamer: páginas 8 (ala), 11, 32 (plumas)

Fotografías
Dennis Nigel/Alpha Presse: página 11
Otras imágenes de Adobe, Corel, Digital Stock, Digital Vision, Eyewire, Image Club
Graphics y Photodisc

Traducción
Servicios de traducción al español y de composición
    de textos suministrados por translations.com

Crabtree Publishing Company

www.crabtreebooks.com   1-800-387-7650

Cataloging-in-Publication Data
Sjonger, Rebecca.
    [Birds of all kinds. Spanish]
    Aves de todo tipo / written by Rebecca Sjonger & Bobbie Kalman.
       p. cm. -- (¿Qué tipo de animal es?)
    Includes index.
    ISBN-13: 978-0-7787-8834-8 (rlb)
    ISBN-10: 0-7787-8834-2 (rlb)
    ISBN-13: 978-0-7787-8870-6 (pbk)
    ISBN-10: 0-7787-8870-9 (pbk)
    1. Birds--Juvenile literature. I. Kalman, Bobbie, 1947- II. Title. III. Series.
    QL676.2.S5818 2006
    598--dc22   2005036525
                                                        LC

**Publicado en
los Estados Unidos**
PMB16A
350 Fifth Ave.
Suite 3308
New York, NY
10118

**Publicado en
Canadá**
616 Welland Ave.,
St. Catharines, Ontario
Canada
L2M 5V6

**Publicado en el
Reino Unido**
White Cross Mills
High Town, Lancaster
LA1 4XS
United Kingdom

**Publicado en
Australia**
386 Mt. Alexander Rd.,
Ascot Vale (Melbourne)
VIC 3032

Contenido

Aves de todo tipo

Las aves son animales que tienen pico y plumas. Hay muchas clases de aves. Las aves habitan en todo el mundo. ¿Cuántas de estas clases de aves conoces?

tordo sargento

Algunas aves se **posan** en los árboles. Posarse significa pararse. Los cardenales y los tordos sargentos se posan en los árboles.

cardenal

urogallo de Escocia

Algunas aves permanecen cerca del suelo. ¡Casi nunca vuelan! Los urogallos de Escocia permanecen cerca del suelo.

Algunas aves cazan y
comen otros animales.
Las águilas calvas cazan
y comen otros animales.

*pingüino
emperador*

águila calva

ganso canadiense

Algunas aves no vuelan.
Los pingüinos y los
avestruces no vuelan.

avestruz

Algunas aves viven
cerca del agua. Los
gansos viven cerca
del agua.

5

El cuerpo de las aves

Las aves tienen dos alas y dos patas. Son animales de **sangre caliente**. El cuerpo de estos animales permanece caliente aun en lugares fríos.

pulmones

Respirar aire
Todas las aves deben respirar aire para vivir. Respiran por medio de los **pulmones**. Los pulmones son partes del cuerpo que se llenan de aire y también lo dejan salir. Todas las aves tienen dos pulmones.

Las plumas ayudan a las aves a volar. También mantienen su cuerpo caliente y seco.

Las aves tienen dos patas. Las usan para caminar. También las pueden usar para transportar alimento.

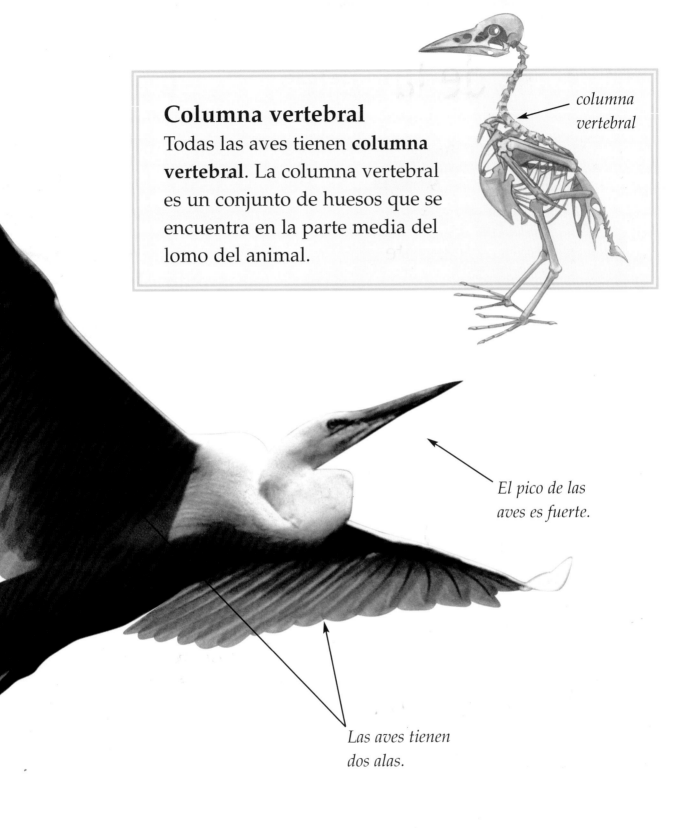

Columna vertebral

Todas las aves tienen **columna vertebral**. La columna vertebral es un conjunto de huesos que se encuentra en la parte media del lomo del animal.

columna vertebral

El pico de las aves es fuerte.

Las aves tienen dos alas.

Plumas

Las aves están cubiertas de plumas. Cerca de la piel tienen unas plumas suaves y esponjosas que se llaman **plumón**. Sirven para conservar el calor.

Plumas para volar

Las aves también tienen plumas fuertes y rígidas que cubren las plumas suaves. Estas plumas les ayudan a volar.

Este pichón de halcón está cubierto de plumón. Cuando crezca, encima del plumón le crecerán plumas para volar. Entonces el ave tendrá el aspecto del adulto que está a su lado.

Las aves que vuelan tienen plumas fuertes y rígidas en las alas.

¡Tantos colores!

Los distintos tipos de aves tienen plumas de diferentes colores. Algunas tienen plumas que les ayudan a ocultarse. Las plumas tienen colores parecidos a los del lugar donde viven. Otras aves tienen plumas de colores vivos. El pavo real macho tiene plumas de colores. El ave de esta imagen es un pavo real macho.

Algunas lechuzas se ocultan en los árboles cuando cazan o duermen. Los colores de las plumas les ayudan a ocultarse.

Hechas para volar

La mayoría de las aves vuelan. Usan las alas para despegar y aterrizar. En el aire, **baten** las alas para moverse y girar. Batir las alas es moverlas hacia arriba y hacia abajo.

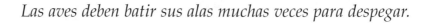

Las aves deben batir sus alas muchas veces para despegar.

Un cuerpo liviano

Las aves tienen **huesos huecos**. Estos huesos tienen espacios vacíos adentro. Gracias a ellos, el cuerpo de las aves es liviano. Al tener un cuerpo liviano, es más fácil volar.

Hueso de ave

espacios vacíos

exterior del hueso

Por qué las aves vuelan

Volar les permite a las aves sobrevivir. Cuando no encuentran alimento en un lugar, pueden volar a otro lugar para encontrarlo. También vuelan cuando otros animales las quieren cazar. ¡Las aves de la izquierda están huyendo de un chacal que está buscando su cena!

11

¿Qué comen las aves?

Cada tipo de ave se alimenta de una comida distinta. Algunas aves comen alimentos vegetales, como semillas. Los animales que comen plantas se llaman **herbívoros**. Algunas aves comen animales. Los animales que comen otros animales se llaman **carnívoros**.

*Las nectarinas son herbívoras. Beben **néctar**. El néctar es un líquido dulce que se encuentra en las flores.*

Los frailecillos son carnívoros. Comen peces. ¿Cuántos peces encontró el frailecillo para el almuerzo?

Encontrar alimento

¡A las aves no les gusta compartir su comida con otras aves! La mayoría buscan alimento solas, pero algunas aves lo hacen en grupos. Esto les permite encontrar más alimento.

Las aves de esta imagen son golondrinas de mar comunes. Estas aves a veces buscan alimento en grupos.

Alimentar a los pichones

Algunos pichones necesitan que los adultos los alimenten. Los padres salen a buscar alimento y le traen la comida a los pichones. Estos abren la boca cuando los padres vuelven con comida. Los padres dejan caer pedacitos de alimento en la boca de los pichones.

Aves por todos lados

Las aves habitan casi todos los lugares de la Tierra. Hacen sus hogares en lugares secos, mojados, cálidos y fríos. El lugar natural donde vive un animal se llama **hábitat**. Algunos de los hábitats de las aves son los bosques, los campos, los desiertos y los lugares cercanos al agua. Algunas aves incluso viven en los lugares más fríos del mundo, ¡como la Antártida!

Las aves que viven en lugares cálidos suelen tener plumas de vivos colores.

Los pingüinos viven en las heladas aguas de la Antártida.

¡Hora de volar!

Algunas aves viven en lugares en los que el invierno es muy frío. En el otoño, cuando empieza a hacer frío, la mayoría de las aves vuelan a lugares más cálidos. Esos lugares son muy lejanos. Durante el invierno, las aves permanecen en los lugares cálidos. En primavera, vuelan de regreso a casa.

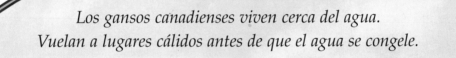

Los gansos canadienses viven cerca del agua.
Vuelan a lugares cálidos antes de que el agua se congele.

¡Nido, dulce nido!

Esta ave lleva hierba en el pico para hacer un nido.

La mayoría de las aves hacen **nidos**. Los nidos son lugares seguros y cálidos donde las aves ponen sus huevos. Cuando salen del cascarón, los pichones viven en el nido. Algunos nidos están ocultos entre las hojas de los árboles y las plantas. Otros están ocultos en el suelo. Las aves ocultan sus nidos para que otros animales no se coman los huevos ni los pichones.

Este nido está en el suelo. Las hierbas y la tierra a su alrededor ayudan a esconderlo.

Constructores de nidos

Los nidos pueden tener distintas formas y tamaños. Distintos tipos de aves hacen sus nidos con distintos materiales. Para construir el nido, pueden usar hojas, ramitas, plumas y lodo.

Este tejedor usó paja para construir su nido. El nido parece una canasta.

Estas garcetas han hecho su nido con ramas y hojas.

Huevos y pichones

huevo de
petirrojo

huevo de
golondrina de mar

huevo de faisán

No todos los huevos de ave tienen el mismo tamaño y color, pero la mayoría son ovalados. Esta forma hace que los huevos sean fuertes. Deben serlo, porque los padres se sientan sobre ellos para empollarlos. Así mantienen calentitos a los **pichones** que están dentro. Los pichones son las crías de las aves.

huevo de águila
pescadora

huevo de casuario

El pájaro bobo calienta los huevos con sus patas.

18

Aves jóvenes

Después de nacer, los pichones permanecen en sus nidos. Algunos se quedan allí varias semanas. Otros, algunos meses. Los padres los mantienen calientes y seguros en el nido. La mayoría de las aves se quedan con sus pichones hasta que estén listos para vivir sin ayuda.

Estos pichones de halcón permanecerán en el nido hasta que aprendan a volar.

19

En los árboles

Las aves que se posan en los árboles tienen dedos largos. Los pueden enrollar en las ramas. Estas aves también construyen su nido en los árboles. Su alimento se encuentra cerca de donde viven.

El cuerpo de muchas aves que se posan es pequeño.

Esta ave se llama lavandera blanca. Come insectos que viven en los árboles.

Muchas aves que se posan en los árboles son cantoras. ¡Las aves cantoras cantan! Lo hacen para encontrar a otras aves. También cantan para alejar a otras aves. Este cenzontle es un ave cantora.

pavo silvestre

 # En la tierra

pollo

Algunas aves viven en el suelo y casi nunca vuelan. Las alas de estas aves son débiles, pero sus patas son fuertes para caminar. Los pavos y los pollos son aves que viven en el suelo. Pueden volar, pero no muy lejos.

La vida en la tierra

Algunas aves que viven en el suelo construyen sus nidos allí. También buscan su alimento cerca del suelo. La mayoría se alimenta de plantas e insectos. Esta ave es un francolín. Come bayas, plantas e insectos.

En el agua

Algunas aves viven cerca de ríos, lagunas, estanques y océanos. Muchas de estas aves son buenas nadadoras. Las aves que nadan tienen **patas palmeadas**. Las patas palmeadas tienen piel entre los dedos. Las aves con este tipo de patas las usan para nadar, como si fueran remos. Muchas aves también se zambullen para buscar peces y otros alimentos.

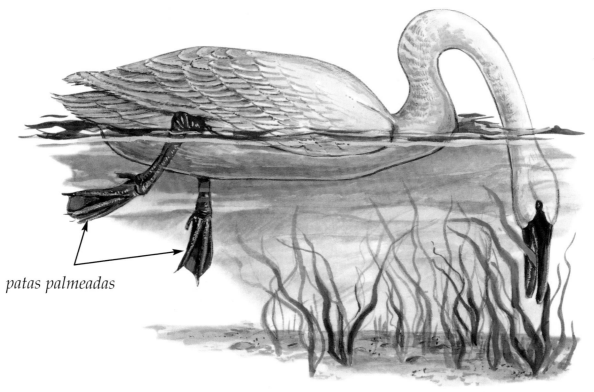

patas palmeadas

El cisne trompetista sólo come plantas. Mientras nada, mete la cabeza debajo del agua para morder plantas y comerlas.

Cerca de la tierra

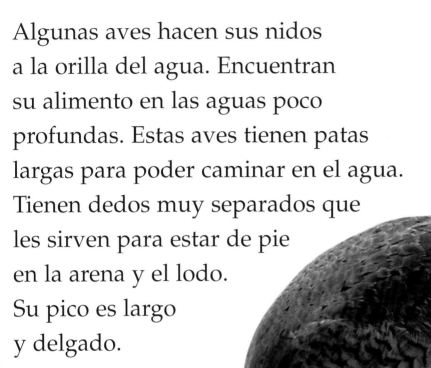

Algunas aves hacen sus nidos
a la orilla del agua. Encuentran
su alimento en las aguas poco
profundas. Estas aves tienen patas
largas para poder caminar en el agua.
Tienen dedos muy separados que
les sirven para estar de pie
en la arena y el lodo.
Su pico es largo
y delgado.

Las aves que viven cerca del agua atrapan gusanos y camarones con el pico.

25

Aves que cazan

El cuerpo de algunas aves está adaptado para cazar animales. Las aves que cazan vuelan muy bien. Tienen uñas filosas y curvas llamadas **garras**. Las usan para atrapar y transportar comida. Las aves que cazan tienen un pico filoso que les sirve para cortar el alimento y así comerlo.

Las águilas calvas atrapan peces y otros animales para alimentarse de ellos. Esta águila calva está a punto de atrapar un pez.

26

Caza

Algunas aves cazan durante el día. Estas aves tienen muy buena vista. Pueden ver los animales que quieren cazar mientras vuelan alto en el cielo. Otras aves cazan de noche. La mayoría de estas aves tienen buen oído. Las lechuzas pueden escuchar el movimiento de animales pequeños en la oscuridad.

El secretario atrapa serpientes y otros animales para alimentarse de ellos. Pisa a los animales usando sus patas, que son grandes y fuertes.

Aves que no vuelan

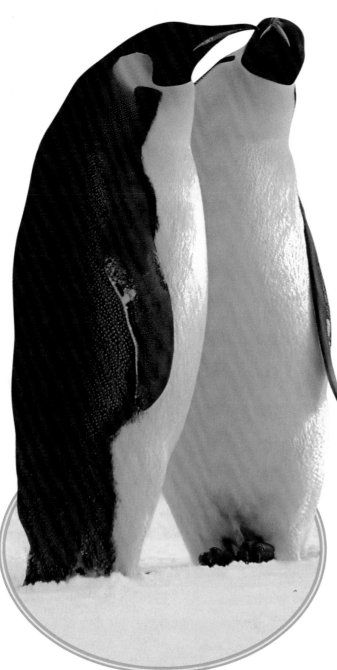

Algunos tipos de aves no vuelan. El cuerpo de estas aves es grande y sus alas son pequeñas. Sus alas pequeñas no pueden elevar por el aire su cuerpo grande. Las aves que no vuelan tienen que caminar o nadar. Tienen patas fuertes que les sirven para ello.

Para nadar, los pingüinos baten sus alas debajo del agua.

Los casuarios no necesitan volar para escapar del peligro. Atacan a sus enemigos con sus garras afiladas.

28

Los kiwis tienen alas, pero son muy pequeñas. ¡Casi no se ven!

El ñandú tiene alas grandes, pero no puede volar. A veces las bate mientras corre. ¡Así es como cambia de dirección!

El avestruz tiene patas muy fuertes. Es el ave corredora más veloz.

Construye tus propias aves

Algunas aves no se parecen a las aves que ves habitualmente. Pueden tener plumas largas o en punta. Las plumas de otras aves pueden ser muy coloridas. La mayoría de las aves coloridas viven en lugares cálidos.

grulla coronada

quetzal

carraca de pecho lila

Elige distintas partes

Puedes crear tu propia ave combinando las partes del cuerpo de dos o tres aves distintas. Hojea el libro y observa las aves.

¿Qué aspecto tendrá tu ave?

¿Va a tener muchos colores o no? ¿Tendrá cola corta o larga? Piensa qué comerá tu ave. ¿Qué tipo de pico necesitará? ¿Tendrá un pico largo y delgado o uno corto y curvo? ¿Tendrá patas largas o cortas? ¿Tendrá una corona de plumas en la cabeza?

Dibújala y coloréala

Cuando hayas decidido qué aspecto tendrá tu ave, dibújala. Colorea el dibujo con crayones o pintura. Invita a tus amigos a que dibujen aves también. Exhibe tu ave en tu salón, en la biblioteca o en la galería de la escuela.

Palabras para saber e índice

aves que cazan
páginas 5, 9, 26-27

aves que no vuelan
páginas 5, 28-29

aves que se posan
páginas 4, 20-21

patas palmeadas

aves que viven cerca del agua
páginas 5, 14, 15, 24-25

aves que viven en el suelo
páginas 4, 22-23

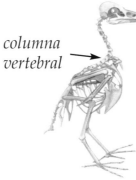

columna vertebral

columna vertebral
página 7

huevos
páginas 16, 18

nidos
páginas 16-17, 19, 20, 23, 25

pichones
páginas 8, 13, 16, 18-19

plumas
páginas 4, 6, 8-9, 14, 17, 30, 31

vuelo
páginas 4, 5, 6, 8, 10-11, 13, 15, 19, 22, 26, 28, 29

1 2 3 4 5 6 7 8 9 0 Impreso en Canadá 5 4 3 2 1 0 9 8 7 6